AF471454

L'ARISTARCHIE,

OU

LE MEILLEUR DES GOUVERNEMENS.

Tout Exemplaire qui ne serait pas revêtu de ma signature sera réputé contrefait.

Trouillet

L'ARISTARCHIE,

OU

LE MEILLEUR DES GOUVERNEMENS.

PAR M. TROUILLET,

PROFESSEUR DE LITTÉRATURE ET D'HISTOIRE
Auteur de quelques ouvrages d'éducation.

PARIS.

Chez BOHAIRE, Boulevart des Italiens, n° 10;
et DELAUNAY, au Palais-Royal.

1835.

Impr. de Mme Ve Delaguette, rue Saint-Merry, 22.

LÉGERE PERSPECTIVE.

Conserver des égards à la royauté, c'est le devoir d'un citoyen ; nourrir de la considération pour la personne de certains monarques qui ont bien mérité de la société, c'est pour les peuples un besoin que nécessite la nature, c'est un sentiment dont la voix raisonne avec mélodie aux oreilles de tout homme bien né.

Nous n'opinerons jamais pour amener

les sceptres à ce degré d'avilissement où, dans des époques de trop funeste mémoire, les entraîna l'aveugle licence. Nous prétendons qu'on doive tenir en réserve le respect consacré à de vénérables institutions malheureusement déchues. Rien ne nous empêchera de dire que la génération française souilla jadis, dans le sang de son roi, bien des années de gloire, et qu'elle imprima, sur l'histoire de ce temps, à sa mémoire, une tache que la main d'aucun historien, défait des préjugés, ne saurait effacer.

Il est vrai que le peuple doit maintenir aux lois le respect des souverains, s'assurer, vis-à-vis de leur personne, ses droits sociaux, se faire garantir à la législation ses propres priviléges, se conserver la force de faire baisser leur domination sitôt que le bien public le réclame; mais il est aussi de son devoir de n'employer, en les isolant de l'autorité, que des expédiens dont la civilisation n'ait jamais à rougir.

Il en est des gouvernemens comme des saisons diverses : les plus orageuses ont leurs beaux jours, tout comme les plus belles enfantent aussi parfois leurs orages. Sous le régime le plus absolu, il peut apparaître, quoique rarement, sur les rênes de l'état, une main généreuse qui sache allier à sa domination le règne du libéralisme et l'élever pour un chacun au niveau de sa propre grandeur, comme les gouvernemens les mieux ancrés sur la liberté peuvent fournir quelquefois leurs phases de despotisme. C'est souvent une secrète dépendance des dispositions naturelles de celui sur le chef duquel l'autorité principale s'est assise. Les actions louables d'un gouvernement quelconque se concilient un droit à une juste appréciation, et doivent en refléter à leur auteur la louange qu'il mérite.

Il est inutile de prétendre rencontrer un gouvernement où tout marche à souhait. Toutes les institutions des hommes portent l'empreinte de ceux à qui elles doivent leur naissance. Viser à une perfectibilité de gouvernement serait tenter l'impossible; mais, parmi tous les modes administratifs, nous devons tourner nos regards vers le moins défectueux.

La marche sociale a déjà assez d'entraves nécessaires sans laisser subsister celles qui peuvent se déplacer. Tendre à une amélioration gouvernementale, lorsqu'elle peut s'opérer, ce n'est que se montrer doucement obséquieux à la voix de la nature qui ne cesse de nous crier de consulter nos propres intérêts ; or, le gouvernement que nous proposons seconde évidemment le bien général de la société et celui de ses différens membres.

Nous ne pensons pas faire prédominer nos vues politiques, ni imposer à nos contemporains la triste obligation de croire à nos raisons sans un sérieux et profond examen. Nous ne prétendons pas non plus que la générosité de notre aveu nous vaille l'inimitié des bons rois, parce que nous savons qu'ils seraient tous prêts à faire les plus grands sacrifices, et même à descendre du trône, s'ils pouvaient s'assurer que cette démarche fût pour les populations une aurore de bonheur et un acheminement à la gloire.

[illegible]

[illegible] mais avis de consulter [illegible]

[illegible]

Nous ne [illegible]

[illegible]

de crois [illegible]

[illegible]

notre avis [illegible]

[illegible]

[illegible] pouvait [illegible]

[illegible]

L'ARISTARCHIE,

OU

LE MEILLEUR

DES GOUVERNEMENS.

Doué de l'avantage inestimable d'avoir senti, dès le bas âge, le prix de l'instruction, Isamel, qui avait apporté en naissant l'amour des sciences, et qui avait eu soin d'en faire l'ornement de son esprit, ne se contenta pas de cette noble et fructueuse acquisition. Tout plein de ce grand principe qu'un homme de lettres ne doit s'approprier rien de ce qui peut entrer dans le domaine social, et accompagné de la persuasion de pouvoir utiliser ses talens au profit de ses contemporains, il conçut le projet de transmettre, à un certain nombre d'enfans d'illustre origine, le précieux héritage et le fruit de l'heureuse union de son application au travail et de ses dispositions naturelles.

Son entreprise se couronna du plus brillant succès. Le nom d'Isamel eut bientôt parcouru la France. Sa réputation franchit les Pyrénées et traversa le canal de la Manche. Londres et Madrid retentirent des louanges du professeur français. Enchantées de tout ce que la renommée publiait de toute part d'Isamel, les familles les plus distinguées de plusieurs états circonvoisins se disputèrent à l'envi l'honneur d'envoyer leurs enfans auprès d'un homme, dont les brillantes qualités promettaient de ressusciter les merveilles des beaux siècles de Rome et d'Athènes.

Parmi tous ces enfans, dont les progrès rapides captivèrent l'admiration universelle, il s'en rencontra deux qui firent éclater, aux yeux de tout le monde, la supériorité de leurs talens : c'étaient don Palmella, d'une ancienne maison d'Espagne, qui, de tout temps, s'était signalée par ses faits d'armes, et qui n'avait cessé, en toutes rencontres, de fournir à son pays les plus hautes garanties de son dévoûment, et milord Amindo, d'une famille illustre d'Angleterre, lequel comptait plusieurs princes parmi ses ancêtres.

Ces deux jeunes disciples ne furent pas long-temps à s'affectionner leur nouveau Platon. La profondeur de leur génie, l'étendue de leur esprit, l'amabilité de leur conduite, l'intégrité de leur vie, le spectacle enchanteur de cet heureux ensemble, et surtout la position sociale éminente où la nature les avait fait naître, laquelle les mettait à portée de donner une direction sage aux états dont ils faisaient membres, en même temps qu'ils s'assuraient la gloire de porter, devant leur siècle, le flambeau de la raison, leur garantissaient ce titre mérité.

Bien supérieur à la bassesse de ces hommes qu'un vain orgueil porte à tenir en réserve un trésor de connaissances, impénétrable à leurs élèves, pour se maintenir une supériorité de circonstance, et semblable à la lumière du soleil qui se partage à un chacun, et qui se communique à tous dans toute sa plénitude, sans craindre de donner à leur pays, ou de faire passer, aux yeux de la postérité, des rivaux ou des maîtres au temple de la gloire, Isamel leur fit part, pendant une série de quelques années, de tous les dons d'une éducation dégagée des préjugés et entourée des richesses de l'expérience.

Parvenus au terme de la carrière des études, comblés d'honneur, suivis de l'admiration de toute la France, nos deux jeunes élèves reprirent le chemin de leurs antiques foyers.

Cependant, rentré dans la solitude de sa maison, le cœur en proie à la douleur de quitter ces deux jeunes savans, l'espoir trop flatteur de leur siècle, Isamel prit la résolution de se reposer à l'ombre de sa gloire passée et de faire quelques voyages pour donner du délassement à son esprit et se récréer de ses longs travaux.

Son projet ne fut pas plus tôt conçu que livré à l'exécution. Il avait parcouru l'orient de la France, visité le théâtre où naguère, contre l'obstination des Hollandais, s'exerçait la valeur française, et venait de rentrer par le nord à Paris, lorsqu'en arrivant à sa maison, il trouva une lettre, aux armes de Palmella, qui était ainsi conçue :

« Isamel, mon maître, j'ai quitté ma patrie et mes foyers, conduit par le seul motif de me procurer la satisfaction de vous voir et de m'entretenir avec vous. Je m'estimais d'avance, par ce flatteur espoir, largement récompensé de la longueur et de la difficulté de mon voyage. Je me promettais des momens de bonheur ; et je ne rencontre ici que le vide de l'absence.

» Il me restait à vous proposer, concernant la politique de nos contrées, plusieurs questions importantes sur lesquelles il est d'un intérêt pressant de fixer mes idées, et pour la solution desquelles je pensais m'aider du secours de vos lumières ; mais, puisque tous mes projets sont déjoués et qu'il ne me reste qu'à déplorer le mauvais succès de mon voyage, je vais m'arrêter quelques jours à l'hôtel où demeure ma famille, pendant son séjour dans cette capitale ; puis je reprends tristement le chemin de ma patrie, bien résolu de confier, à des missives sûres, les avis que j'avais à vous demander.

» J'ai l'honneur d'être.... »

Après en avoir fait la lecture, Isamel, dominé par une vague inquiétude sur les questions politiques qu'il allait se voir adresser, se rendit précipitamment à l'hôtel de Palmella.

En face de la position actuelle de l'Espagne, ces questions politiques à résoudre, jetées éparses dans une lettre, à la faculté de faire naître à Isamel des soucis amers, lui associaient le droit de craindre de s'entendre adresser quelque reproche amical. Sa pénétration, malgré la multiplicité de ses soins, lui faisait découvrir, parmi le vaste trésor d'instruction qu'il avait confié à son élève, un vide qui, pour bien d'autres, fût demeuré imperceptible, mais qui lui montrait à lui-même un vaste intervalle à combler pour niveler l'ensemble imposant de ses connaissances; car il est une instruction pratique en faveur de laquelle son utilité doit faire pencher la balance en regard des doctrines théoriques et spéculatives.

C'était en effet un de ces points si

importans à éclaircir qu'Isamel s'était fait un devoir de passer sous silence. Entouré des trésors de l'expérience et riche de savantes observations, il avait souvent remarqué que la fermentation des opinions contraires aux systèmes dominans des localités fait éclater de terribles explosions. Persuadé qu'il vaut mieux respecter les préjugés d'un peuple quelconque, quelqu'absurdes qu'ils puissent être, que d'entraver ses croyances patriotiques, favoriser momentanément les ténèbres que de jeter dans l'esprit un flambeau détestable, une lumière importune, caresser en apparence, aux yeux d'une multitude folle et indignement abusée, le mensonge et l'erreur que son délire encense, que de rivaliser d'obstination à lui présenter la vérité, lorsqu'elle jure de n'avoir pas la volonté de la voir, différer enfin l'application des remèdes à certains maux que de les irriter par des soins trop précipités, il ne se mit jamais en devoir de sonder ni de fixer l'opinion politique de ses élèves.

Plusieurs fois Palmella et Amindo lui demandaient quelles étaient les causes qui avaient amené un changement de dynastie en France; mais il ne cessait de leur répondre d'une manière évasive. C'était à cette conduite, soutenue de respectables appuis, comme à leur source première, qu'Isamel puisait ses craintes momentanées que nous verrons bientôt pleinement se réaliser.

A peine avait-t-il franchi l'entrée de la demeure de Palmella, qu'il vit son élève voler dans ses bras, porté sur les ailes de l'amour et de la réconnaissance. «Cher Isamel, mon vrai Platon, lui dit-il, rien ne saurait exprimer la satisfaction que j'éprouve à me trouver à vos côtés. Me croyant réduit au pénible sacrifice de reprendre, sans vous avoir vu, le chemin de ma patrie, je plaignais, il y a quelques momens, la rigueur de mon sort. Je consumais tristement et sans murmure extérieur, comme le père des croyans, mon douloureux sacrifice, lorsque votre présence est venue arrêter mon bras, comme jadis l'ange de l'Éternel sur la montagne mystique. Le sang d'une jeune brebis se substitua à celui de l'innocence; pour moi, qui m'immolais moi-même, je lui immolerai ma douleur. »

Le plaisir de cette entrevue n'avait encore rien perdu de son intensité, lorsqu'une personne du service d'Ismael arriva et lui dit qu'un jeune Anglais venait de demander à lui parler, et s'était informé si un Espagnol, nommé Palmella, n'était pas à la maison.

A peine l'Espagnol eut-il ouï ces mots, qu'ivre de joie et de bonheur, il s'écria, avec l'accent de la plus vive allégresse : « Isamel, c'est mon ami, c'est le vôtre, c'est Amindo. Un instant a failli tout anéantir ; un instant a tout vivifié. Un commerce de lettres, nourri depuis notre éloignement, avec autant de soins que de plaisir, doit nous réunir tous les deux, ces jours-ci, à Isamel. Pussions-nous resserrer nos trois royaumes ensemble, par d'honorables et douces sympathies, avec des liens aussi puissans que ceux qui nous unissent; nous aurions une belle portion de l'Europe à présenter en regard à nos ennemis. »

Dès que Palmella eut achevé de prononcer ces paroles, ils se dirigèrent tous deux vers la demeure d'Isamel, où ils trouvèrent milord Amindo qui les attendait. L'Anglais, quoique d'une nation chez laquelle les sentimens doivent nourrir moins de chaleur qu'en Espagne et en France, ne laissa pas de se montrer tout Espagnol ou Français dans cette circonstance. Il rivalisa, et de la voix et du geste, avec Palmella dans ses amicales démonstrations. Isamel paraissait, au milieu de ses élèves, comme un père au sein de sa famille. Sa joie était douce et réglée. Sa qualité de maître inspirait, à son extérieur de la dignité, à ses paroles une gravité mâle et une majesté noble et distinctive.

Après ces éclatans témoignages d'une joie mutuelle, Isamel leur demanda des nouvelles de leurs pays. Il s'adressa d'abord à Palmella qui lui parla en ces termes :

« L'Espagne, cher Isamel, qui, tant

de fois, a déployé des forces imposantes et terribles aux ennemis du dehors, l'Espagne, qui a enfanté tant d'illustres guerriers, livré tant de combats et soutenu tant de siéges mémorables, où la valeur, le nombre et les ressources eussent constamment échoué sans la faim, cet ennemi domestique que personne ne saurait dompter, cette terre, ma patrie qui, tant de siècles, s'est conservé une place d'honneur parmi les plus belles monarchies européennes, l'Espagne semble appeler à elle le sort de ces florissans empires dont la chute retentissante atteste encore leur existence d'autrefois brillante et fortunée, et tendre à une décadence prochaine, si un bras vigoureux ne la relève, en lui faisant voir sa force renaître de sa faiblesse même, et ne la replace triomphante au niveau de sa gloire passée.

» On dirait que, depuis quelques années, l'Espagne ait conçu une tendance nécessaire à sa propre désorganisation et qu'elle conspire à effectuer sa ruine. Il semble qu'elle ne puisse concevoir que la force d'un état consiste dans l'union de ses parties, et non pas dans leur isolement respectif. Si, dans le corps humain, dès que la liaison des ressorts qui en meuvent l'ensemble éprouve la moindre altération, il en résulte une situation de langueur douloureuse qui mine sourdement la base de son existence et le conduit rapidement à un dépérissement total, quoique presque insensible; avec quelle vélocité, sitôt qu'il sent le déchirement et le morcellement de ses membres divers, doit-il courir à son extinction! De même, dans le corps social, le moindre trouble en dérange l'harmonie et interrompt le cours des opérations que réclament les besoins des différens membres de la société. La scission des partis, la diversité des opinions produisent des mésintelligences sourdes qui finissent par éclater et produire des sinistres en tous genres.

» Quel déluge de calamités n'accumulent pas sur un empire les guerres intestines ! Tous les siècles nous l'attestent. Des monceaux de ruines en sont des preuves parlantes; et cependant leur voix, quelque éloquente qu'elle y dût être, n'a pas encore eu assez de retentissement pour se faire entendre dans ma malheureuse patrie. C'est peu que le sang de ses enfans ait souillé naguère cette terre toute fécondée de la cendre des héros, cette contrée si riche en souvenirs éclatans, en gloires antiques; encore aujourd'hui, l'Espagne a aiguisé le fer pour le tourner contre son sein. Les peuples continuent à se mutiner; les factions sévissent et la guerre, après s'être allumée, parcoure le pays comme un vaste incendie. Déjà le sang a coulé en mille rencontres ; les partis s'accroissent ; les menaces de ruine et de mort redoublent ; les simples attroupemens se rangent en masses formidables ; les villes se fortifient comme si la patrie avait à redouter l'irruption subite de toutes les forces de l'Europe. L'Espagne, en un mot, n'offre aux regards étonnés que le spectacle le plus alarmant. »

Amindo, après le discours de son ami, auquel il n'avait pas laissé de prendre le plus vif intérêt, quoique le récit de Palmella n'eût pas pour lui le charme de la nouveauté, se prêta pareillement à contenter les désirs d'Isamel par tout ce qu'il crut capable de réveiller son attention et de piquer sa curiosité. Ils se réunirent tous les deux à dire qu'ils avaient voyagé dans les principales villes, l'un de l'Espagne, l'autre des états britanniques, et qu'ils y avaient été grandement frappés des abus crians, scellés de l'autorité publique, de l'oppression des peuples, de la tyrannie des grands, de la misère publique, de l'infinité des maux qui pèsent sur la masse des populations. Ils dirent à Isamel qu'il avait trop de lumières pour avoir ignoré les calamités de leurs pays, et se permirent, à ce sujet, de lui adresser des plaintes amicales, mais vives, sur son obstination à les leur céler.

« Une des connaissances, lui dirent-ils, les plus importantes, pour ne pas dire la première à acquérir pour un homme sur le point d'entrer dans la carrière politique, destiné, par sa naissance, à remplir un rôle distingué dans le monde, c'est celle de la situation sociale de son pays. La plus intéressante des sciences pour l'homme constitué en société, c'est la science des devoirs qu'elle lui impose à l'égard de ses semblables. Et comment conquérir le sentiment des devoirs dont elle sollicite et poursuit l'accomplissement, sans la conscience des besoins des membres divers que regarde l'acquittement de ces devoirs ?

» Lorsqu'un architecte veut asseoir sur un fondement solide l'étendue d'un vaste et brillant édifice, ses pensées, ses attentions principales et premières ne doivent pas se borner à des embellissemens partiels, à des beautés de détail; mais elles ont besoin de s'étendre à tout l'ouvrage, d'embrasser l'ensemble des parties, de les coordonner entre elles, pour qu'il en résulte une union de force puissante qui tende à la consolidation totale de l'édifice; puis, si le temps et les occasions n'y apportent d'obstacles, ses soins se rabattent et se resserrent sur des décorations voluptuaires. Lorsqu'un enfant attaque la carrière des études, lorsqu'il s'empare de la route des sciences, celui qui appuie le chancellement de sa marche, qui guide l'incertitude de sa course, qui porte devant ses pas le flambeau consolateur, doit lui donner, en toute occasion, la patrie en spectacle ; il doit sans cesse se la représenter à lui-même comme le but principal vers lequel il doit attirer ses regards, vers lequel et pour lequel il doit lui faire concentrer et recueillir le précieux trésor de ses connaissances. La société est ce vaste édifice dont il est si important de consolider la base et de la soutenir dans son intégrité. Pour y parvenir, il est nécessaire de lui créer sans cesse de nouveaux appuis, et ces appuis se trouveront parmi ceux qui lui prêteront le secours et lui dispenseront le bienfait de leurs lumières, parmi ceux qui sauront, contre l'injustice de ses oppresseurs, lui disputer ses droits, lui assurer l'inviolabilité de ses priviléges, garantir ses destinées, affermir ses principes constitutifs, la faire fleurir sous le règne de la paix et du bonheur.

» Celui qui guide les études ne doit jamais perdre de vue que la jeunesse confiée à ses soins est destinée à remplir un jour des devoirs dans la société à laquelle la naissance l'a incorporée, lui en fournir un tableau fidèle, lui soumettre en perspective, non seulement les besoins généraux du corps social, mais encore ceux qui découlent des circonstances et des temps, ceux surtout qui se rattachent aux époques contemporaines, qui relèvent des positions dramatiques des lieux et des gouvernemens : voilà les premiers enseignemens à livrer à la jeunesse, et particulièrement aux personnes d'entre elle que la naissance met à portée d'appeler un jour sur les peuples le règne de la justice et des lois. Instruite de ses devoirs et des besoins qui en réclament le prompt accomplissement, la société éprouvera un besoin pressant de s'en acquitter. Le sage, qui l'aura ainsi éclairée, se conservera la gloire d'avoir, en habile architecte, richement pourvu à l'agrandissement et au soutien de l'édifice social, et pourra s'associer l'honneur d'avoir puissamment contribué à la félicité des peuples. Son but principal rempli, il peut s'occuper d'embellir l'esprit humain de connaissances diverses ; mais en définitive, parmi toutes les connaissances utiles dont il faille l'ameubien, celle des besoins et des devoirs sociaux doit sans contredit tenir le premier rang, et cette science, pour un homme quelconque, demeure indivisiblement attachée avec celle de la position sociale de son pays.

» Si, poursuivirent-ils, nous avions été instruits plus tôt de la moindre partie des maux qui désolaient nos malheureuses patries, nous nous serions empressés de solliciter le crédit de nos parens pour en améliorer la situation, et leur influence sur une partie des grands, jointe aux liens du sang qui les unissent à un grand nombre de familles distinguées, ne laisse pas un moment de doute sur l'efficacité de leur concours. Nous-mêmes, dès que nous verrons la route qu'il faut prendre, nous nous placerons en position de mettre à cet effet en jeu divers ressorts. »

Isamel, qui savait que de grandes raisons le cèdent quelquefois en face de certaines autres également vénérables et circonstancielles, et qu'un homme qui peut appuyer sa conduite de tels garans est en droit de la motiver sans honte, s'excusa franchement de ne leur avoir rien dit de la politique de leurs pays. Pour justifier ses procédés, il allégua son respect pour les institutions établies, la crainte de les jeter dans des périls imprévus, l'appréhension d'appeler sur leurs contrées de plus grands maux que ceux qui les désolaient déjà, d'ébranler le corps social, loin de l'affermir, d'y renouveler des blessures à peine cicatrisées, loin d'y apposer une main régénératrice.

Mais Amindo et Palmella lui déclarèrent ouvertement qu'ils s'étaient rendus auprès de lui pour s'instruire de ses opinions politiques, sans conséquence contre lui-même, pour en faire la règle de leur conduite. Ce fut ainsi qu'ils s'exprimèrent :

« Dans le long et pénible voyage que nous avons entrepris, nous nous sommes proposé deux buts principaux ; un but particulier et individuel et un but social. Le but personnel a été de vous donner les plus éclatantes marques de notre affection et de notre reconnaissance. Nous avons eu l'avantage d'être à portée de remplir un devoir si doux et si sacré, et, si nous n'avons pu vous en offrir des preuves assez sensibles, nous ne devons en accuser que la faiblesse du langage et non la tendresse de notre cœur ; le second, nous venons de vous l'indiquer, et nous osons attendre de vos soins paternels le bonheur d'y parvenir. »

Cependant Isamel, qui cherchait à

leur échapper ses vues politiques, leur répliqua, dans le dessein de les leur dérober : « Mon opinion n'est que celle d'un particulier, et ne peut servir de base sûre pour asseoir la vôtre. L'opinion politique ne peut se puiser à des sources privées : elle doit découler de la masse des populations. La voix du peuple est la voix de Dieu; parce que, si l'erreur et les préjugés maîtrisent les particuliers, la vérité sort des masses brillante et radieuse. D'ailleurs l'opinion d'un particulier est un domaine privé, une affection intérieure que l'on respecte sans la scruter. »

« Vous êtes trop éclairé, continuèrent-ils, pour entreprendre, sans vous expliquer, d'avouer votre ignorance sur un point aussi essentiel. Vous avez été notre maître, soyez-le jusqu'à la fin; cédez, Isamel, cédez à nos importunités. Nous ne cesserons de vous violenter que vous ne preniez la peine d'accéder à nos demandes. Songez que vous avez à faire le bonheur de deux grands peuples et du vôtre, que nous espérons, de vos soins, voir s'acheminer, tout le premier, vers cette ère de prospérité durable dans laquelle nous croyons pouvoir placer nos concitoyens. Nous vous jurons que nous ne vous quitterons pas sans avoir tiré de vous les éclaircissemens que nous vous demandons, et nous vous prions de nous dire d'abord ce que vous pensez de ce dogme prétendu d'hérédité successive, de ce droit que certaines familles disent puiser dans la nature, pour appeler à siéger sur le trône, pendant une longue suite de générations, une série innombrable de rejetons de la même famille. »

Vaincu par tant d'instances, Isamel, qui sentait un besoin pressant de soulager son esprit en faisant disparaître à leurs yeux le rideau fatal qui leur couvrait la vérité tout entière, secoue pour un moment les préjugés du siècle, dépouille l'erreur de son éclat imaginaire, la laisse retomber dans ses propres ténèbres, et donne un libre essor à cette vérité dans sa bouche si long-temps retenue captive. Il entre en matière, et, par un raisonnement serré et pressant, il rend le prétendu dogme de l'hérédité à n'être pas même l'égal de ces opinions irrationnelles qu'encense l'ambition et que se charge de soutenir une basse ignorance. Voici comment il s'exprime :

« La raison nous défend d'admettre une doctrine subversive de la morale et de l'ordre que la nature, ou, pour parler d'une manière plus conforme à la vérité, le souverain régulateur du genre humain a établi pour base première de toute société; or, elle tend au renversement de ces deux principes fondamentaux la doctrine que l'on ose ici proposer, et dont, en dépit du sens commun, ses partisans prétendent nous garantir l'existence, comme celle d'un soutien normal sur lequel s'est appuyée la conduite de tous les siècles.

» Car cette doctrine, loin d'assurer à la morale et à l'ordre public le moindre degré de permanence et de perpétuité, ne peut que précipiter la décadence des mœurs, en promettre une aussi prompte que funeste extinction, introduire dans les sociétés une désorganisation complète, laquelle affranchit les souverains du joug importun des lois, ouvre devant eux, avec la certitude de l'impunité, une ample carrière au crime, enlève tout frein à la licence du pouvoir, favorise le débordement des passions de leurs sujets, appelle sur les peuples le joug de l'esclavage, le consolide, l'ancre, en quelque sorte, sur les débris de la liberté, substitue l'arbitraire à la belle domination des lois, souffle la tyrannie et ses froides rigueurs, renverse la nature des gouvernemens en travestissant en principes des concessions populaires bénévoles et arbitraires, heurte de front l'enseignement des siècles et la coutume des peuples, étouffe les germes précieux des grands talens politiques, arrache des cœurs cet amour de la gloire qui communique un généreux essor aux grandes âmes et fait la célébrité des empires, et enfante à l'ordre social de grandes et funestes catastrophes; or, à l'admission de ce principe, se rattache cette longue et indestructible chaîne de malheurs.

» Il est, dans la nature humaine, une pente douce et facile qui fuit la gêne et la contrainte, et poursuit avec rapidité l'acquisition du domaine libre et dégagé, je ne dirai pas seulement de ses actions, mais encore de ses désirs. C'est une voie qui se montre brillante de grâces et de charmes. Tout le monde s'y précipite, les Rois tous les premiers et les Grands à leur suite. On s'élance avec plus ou moins d'essor dans la carrière; mais parvenus à des distances données, il se présente aux uns et aux autres une barrière qu'il n'est donné à personne de franchir; parce que derrière elle se trouve un abîme sans fond où se perd sans ressource le téméraire que son audace y a conduit. Cette barrière formidable, c'est la législation d'un pays, le principal appui dont la morale et l'ordre puissent étayer leur existence, soutien protecteur dont j'ose affirmer que l'extinction certaine, dans la circonstance dont je veux parler, neutralise à leur égard tout effet prospère ; car est-il possible de révoquer en doute la destruction d'une législation, lorsque, ne s'entourant plus que d'une existence théorique, elle se nullifie dans le cas où l'on est le plus en droit d'en invoquer l'intervention, résultat nécessaire, conséquence immédiate de l'adoption de ce principe ?

» Car, pour mettre les lois à portée de s'exécuter sur la personne des rois, il faut supposer, en premier lieu, du côté de celui qui doit en presser l'exécution, la possession d'une fortune capable de le mettre à l'abri des désirs de l'ambition, et une autorité qui puisse le sauver des appréhensions de toute susceptibilité de réaction : deux choses impérieusement requises qui ne se rencontreront jamais dans une société où le gouvernement est héréditaire; parce que, d'après la supposition, le prince ne pourrait être déposé, et par conséquent ne laisserait pas, quoiqu'entaché de culpabilité, de conserver l'autorité suprême, autrement il ne serait plus roi, ce qui renverserait l'hypothèse.

» En possession de l'autorité souveraine, il ne peut surgir tout contre d'autorité aucune qui lui soit, je ne dis pas supérieure, mais qui puisse seulement la contrebalancer; et quand même le hasard en susciterait une dans les attitudes du moment, oserait-elle se soumettre en regard de celle du prince et s'exposer à sa vindicte suprême? D'ailleurs, peut-il y avoir des particuliers dans un état, par cela seul qu'ils sont obligés de rester sous la tutelle d'un souverain et de subir la condition d'hommes privés, qui soient parvenus à un degré d'opulence qui ne laisse plus dans leurs cœurs d'entrée aucune aux désirs ?

» Je dis, en second lieu, qu'il faut supposer des punitions infligibles aux têtes héréditairement couronnées. Peut-on leur ôter les richesses ? Celles de l'état sont toutes dans leurs mains. Peut-on leur ravir les honneurs ? La dignité de leur rang se les attire tous, et s'entoure même de la vénération extérieure de ceux qui s'imaginent être en droit de leur vouer une haine implacable. Elle a pour ceux-ci le charme de la couleuvre qui amène à elle l'oiseau qui descend en chantant son trépas. Peut-on leur ouvrir un de ces lieux où gémissent tant de citoyens souvent moins coupables ? L'éclat qui environne le diadême et la majesté royale repoussent cette idée, avant même, s'il est possible, qu'elle soit conçue. Peut-on leur proposer des amendes pécuniaires ? Ils se rient de jeter, à pleines mains, l'argent qui, de la sueur des peuples, leur découle comme un fleuve impétueux. D'ailleurs, toutes ces raisons supposeraient un pouvoir, non de contrepoids, mais de supériorité que j'ai démontré impossible, et qui ne saurait nulle part exister. Elle reste donc prouvée, en admettant le principe de l'hérédité, la nullité de l'intervention des lois sur le prince que l'on daigne supposer en possession de ce prétendu droit gratuitement concédé.

» Cependant l'abîme que les lois préparent au transgresseur, la punition qui poursuit le coupable, sont le frein qui s'oppose, la digue puissante qui s'élève au torrent de ses passions. Ainsi, laissez aux souverains la faculté de tourner la barrière près laquelle la législation a creusé le précipice, assurez-leur l'impunité des crimes, et vous verrez s'ouvrir en perspective un vaste champ d'horreur.

» Rien ne pèse aux souverains comme le joug des lois qui les asservit, les rabat dans les masses et les confond dans la société des autres hommes. L'éclat qui les environne les représente sans cesse, à leurs propres yeux, comme d'une nature supérieure à celle de leurs sujets ; tandis qu'un si grand nombre d'entre eux n'ont été que des êtres faibles, vils et méprisables, ou plutôt que des corps opaques, dont la position aérienne n'a servi qu'à refléter une lumière empruntée à des milliers de corps tous plus brillans qu'eux.

» Si, pendant que le glaive de la justice se balançait sur leur tête, et, lorsque, loin d'avoir le principe de l'hérédité pour rempart invincible contre les coups de la fortune, ils avaient à redouter, comme le plus terrible de tous les châtimens, comme la punition la plus flétrissante qu'ils eussent eu à subir, que le mépris public ne les dépouillât de l'autorité dont ils étaient investis, certains souverains n'ont pas laissé de se permettre souvent des actions capables d'appeler sur leur mémoire l'opprobre de la postérité et l'exécration de tous les siècles ; si parfois leur conduite a laissé apercevoir des forfaits pour la punition desquels les lois n'avaient pas même cru être obligées de pourvoir, et se sont assurés, à travers cette marche ignominieuse ; d'une impunité de position qui les rassurait, et qu'une molle et coupable indulgence des peuples sanctionnait et autorisait au moins d'un déplorable silence, à quels crimes atroces et inouïs ne se fussent-ils point portés, dès qu'une fois le principe de l'hérédité, connu d'eux-mêmes et bien compris de la part d'un peuple soumis et jaloux de ses devoirs, le plaçant dans la triste nécessité de laisser régner sur lui de tels monstres, leur eût assujetti les lois comme les peuples, ce qui eût infailliblement arrivé, puisque le pouvoir de déposer ne peut se joindre qu'à la faculté d'élire.

» Dans l'hypothèse de l'admission de ce principe, pour vous donner une faible idée des crimes qui se commettraient par ceux qui se sont commis sous l'empire de la crainte des lois, sans prétendre manquer de respect à la mémoire des princes de ma nation dont je ne veux pas ici me donner le droit d'interroger la vie, comme aussi sans penser m'imposer l'obligation de croire que la conduite d'un grand nombre d'entre eux se soit montrée irréprochable, il me suffirait d'aller puiser des exemples dans la société la plus florissante comme la plus étendue de l'univers, d'ouvrir l'histoire du peuple romain; ils se présenteraient en foule pour servir d'appuis à la vérité que j'avance. Je n'en citerai toutefois qu'un seul pris indistinctement entre mille :

« Néron, le trop fameux Néron, qui, certes, ne descendait pas de Romulus, et qui n'avait conséquemment point été appelé au trône par le droit de l'hérédité, cet enfant né de l'ambition des familles unie à l'aveugle crédulité des peuples, avait à se maintenir l'estime de sa nation, puisqu'il suffisait au sénat d'élever la voix pour déterminer sa perte; cependant les annales de l'empire nous montrent ce souverain dégradé, qui se plaisait à faire nager Rome dans le sang de ses plus illustres citoyens, caressant en son âme l'atroce projet de réduire en cendres cette grande capitale, de faire massacrer tous les généraux, et d'empoisonner tout le sénat, pendant que d'un côté Galba levait en Espagne l'étendard de la révolte, et de l'autre, le sénat, après un trop long silence, s'armant de son ancienne vigueur, lançait un décret de proscription qui le condamnait à une mort ignominieuse. »

» Si de tels attentats trouvaient leurs élemens au cœur des rois dans un temps où la législation accourait y apporter sa force répressive, nous ne devons pas douter un instant du déluge de maux dont certains souverains inonderaient les contrées soumises à leur domination, dès lors qu'il n'y aurait plus de frein à la licence du pouvoir, et que l'autorité souveraine se verrait délivrée de l'empire des lois.

» En poussant le raisonnement en dedans du principe de l'hérédité, je dis que la conduite du prince constitué en dehors de l'influence législative, outre le surcroît sensible d'altération graduelle qu'elle acquiert à mesure qu'elle s'éloigne de ce centre social, enfante des résultats bien funestes aux populations.

» Personne n'ignore combien l'exemple des souverains conserve de pouvoir sur les masses, et quel imposant concours il apporte à leur donner une impulsion quelconque. La conduite du prince est un livre ouvert où tous ses sujets vont puiser les maximes dont ils veulent s'aider pour diriger la leur ; c'est un tableau où chacun se plaît à enlever quelques traits, un jardin ouvert où il est permis à tout le monde de prendre à souhait, et d'où chacun sort avec la persuasion d'emporter quelque chose de précieux.

» La tendance naturelle à l'homme de

préférer l'agréable à l'utile, le plaisir au devoir, de repousser les lumières de la saine raison pour embrasser de ténébreux préjugés, de poursuivre, avec une rapidité que rien n'arrête, ce qui flatte les passions, lui donne une plus grande avidité de s'approprier les vices que les vertus des princes : ce qui fait que la contagion se communique de membre en membre et gagne ainsi rapidement tous les rangs de la société. Les passions, traînant après elles la licence à la suite de laquelle marchent tous les crimes, comme un torrent qui a rompu ses digues, opèrent un affreux débordement. Vous concevez conséquemment qu'en affranchissant les souverains du joug de l'autorité législative, vous ne donnez d'autres bornes à leurs passions que l'impétuosité et la fougue de leurs désirs, vous rompez la barrière en dedans de laquelle frémit la licence, et vous ouvrez à tous les désordres un champ aussi vaste que funeste. Mais à ces fruits empoisonnés dont ce principe est le naturel producteur, il faut joindre l'esclavage où il réduit les peuples, l'arbitraire qu'il met dans la main des rois comme l'arme unique qui doit y remplacer le glaive de la justice, et le joug tyrannique sous lequel il fait impitoyablement courber les populations.

» La liberté civique puise son essence dans le règne de l'équité et dans la faculté de jouir des priviléges, basés sur la justice, accordés à tout citoyen vivant sous le même régime social librement constitué. Toutes les fois qu'un citoyen, dans l'accomplissement des différens devoirs attachés à sa position dans la société, tient l'œil fixé sur cette règle immuable, il peut s'accompagner de la conviction de ne jamais empiéter sur le domaine des libertés de ses concitoyens; de même, toutes les fois que les divers membres de la société, se renfermant dans les bornes que prescrit à son égard cette même rectitude, lui laissent la paisible jouissance des droits qu'elle lui a conquis, ou que, troublé dans cet exercice, il peut s'entourer de l'assurance, en recourant aux représentans de cette société, d'obtenir une pleine satisfaction, il doit se croire en possession de sa liberté de citoyen. Or, c'est cette liberté que détruit un prince assis sur un trône héréditaire; car, ce qui porte un souverain à nourrir les libertés civiques, à les entretenir dans leur vigueur, c'est la crainte de voir l'examen de sa conduite en face de la législation du pays, appui croulant pour le peuple, motif illusoire pour le prince héréditaire qui commande aux institutions et sait s'en faire obéir, qui se place en dehors de l'atteinte des lois, et, semblable à un Jupiter tonnant, du haut d'un de ces monts toujours favorisés des rayons du soleil, enveloppé dans une molle insouciance, laisse tranquillement la foudre accabler indifféremment de ses traits les régions soumises aux coups de la tempête, si toutefois sa haine ne la dirige pas sur quelque point particulier.

» Si la mollesse, qui ne siége que trop constamment à côté de la plupart des rois, donne, même aux plus susceptibles de l'appréhension des lois, de l'aversion pour les affaires, si le peu d'application et de soin que leur position leur rend nécessaire d'apporter aux besoins de leurs sujets est suivi d'un dégoût mortel, voudra-t-il prendre la peine de veiller au maintien des libertés sociales, de protéger les droits, de conseiller, comme chef, de poursuivre comme roi l'acquittement des devoirs réciproques des divers membres de la société, et de fournir de hautes garanties des priviléges réversibles à telle classe de citoyens ou à tel membre d'entre eux, le prince qui ne se verra pas soumis à leur redoutable influence ?

» Ennemi de toute application, sans songer à prendre la balance de l'équité en main et sourd à toutes les réclamations, il ne tirera ses décisions que des règles de son caprice. Eh ! plût au ciel que le cri du droit lésé rencontrât toujours son oreille inattentive ; mais, y découvrant une censure secrète de sa conduite et cédant doucement au penchant de la vengeance, il fera servir son autorité suprême à sanctionner l'iniquité. Les droits d'un chacun, dépourvus de la protection du monarque, souvent même outragés par lui, seront méconnus. L'arbitraire, la haine et l'esprit de vengeance et d'inapplication tiendront lieu dans sa main des lumières de la raison, de la conviction du droit et de l'autorité de la législation. La crainte d'encourir la haine du souverain étouffera jusqu'à la plainte. A peine osera-t-on respirer même dans le secret des familles. Mille petits tyrans, ses émissaires, parcourront ses états et lui désigneront secrètement les victimes à frapper. Privés de l'appui des lois contre un tel prince, forcés de subir le joug de sa domination tyrannique, les peuples se nourriront de l'espoir de lui voir succéder un fils qui peut-être, pour leur consolation, se montrera plus méchant que son père. Ainsi, ce système héréditaire, en détruisant la liberté, en y substituant l'arbitraire et la tyrannie et en leur assurant une perpétuité d'existence, offrira l'affligeant spectacle d'une source intarissable de malheurs.

» Si je ne m'étais imposé l'étroite obligation de suivre graduellement la chaîne des maux qui se rattachent à l'introduction de ce principe dans une société, je croirais pouvoir en terminer ici l'examen; car je ne doute pas que mes paroles n'aient déjà porté la conviction dans les âmes. Entourées de tant de preuves irréfragables, précédées de cet éclat vivifiant dont s'accompagne la vérité, elles sont, pour quiconque sait découvrir la lumière, à travers les nuages des préjugés du siècle, de nature à bannir à cet égard toute espèce d'incertitude ; mais j'ai ajouté que cette doctrine dénature les gouvernemens, en donnant la livrée de principes à de simples concessions, qu'elle est contraire à l'enseignement des siècles et à la coutume des peuples, qu'elle étouffe les talens et anrache des cœurs l'amour de la gloire, qu'elle enfante pour les nations des époques désastreuses; et d'abord je dis qu'elle altère la nature des gouvernemens.

»Un roi ne vient pas, de son propre mouvement, asseoir sa domination sur la tête d'un peuple comme sur celle d'un troupeau prêt à devenir la proie de quiconque a la force de se l'asservir. Les lois qui forment l'union de cette société veillent à sa sûreté, la couvrent de leur protection, défendent contre lui l'intégrité de ses droits et lui maintiennent l'universalité de ses priviléges.

»Quand une société se résout à vivre sous le régime monarchique, c'est toujours avec la condition qui, pour ne pas être exprimée, n'en est pas moins expresse, de voir le bien social précéder l'avantage du souverain, condition qui s'appuie de toute son étendue sur ce grand principe fondamental que le bien public doit l'emporter sur celui des particuliers; parce que le prince, individuellement considéré, quoiqu'il réunisse autour de lui la société comme à son centre, n'est proprement qu'un membre particulier, isolé du grand tout social.

»Quand un souverain s'apprête à déployer, sur le peuple qui se soumet à sa grande juridiction, l'autorité que les lois déposent dans ses mains, c'est une possession de tutelle, une possession de protection qu'il y vient prendre, et non une possession de propriété. La législation lui dit : «Je te constitue sur ce peuple pour le relever de l'appui de ton bras, et non pour précipiter sa ruine, comme une sentinelle vigilante pour avoir l'œil ouvert sur ses intérêts, et comme un rempart d'airain contre les coups de ses ennemis. Sache embrasser dans leur accomplissement toute l'étendue de tes devoirs, si tu veux consolider ton règne. Si tu t'écartes du sentier qui t'est tracé, la main qui t'a élevé saura t'anéantir. Ton existence se rattache à l'amour de tes sujets. Assure-toi cette conquête, et tu couleras des jours heureux; sinon ta ruine est certaine. »

» En effet, il est contre la nature d'une société de vouloir son extinction. Sitôt qu'il existe de la part du souverain une aberration essentielle des devoirs qu'elle lui a imposés par l'entremise de la législation, il ne peut plus pour elle posséder qu'un vain titre, qu'elle doit se hâter de précipiter dans l'obscurité, et attendre de sa force concentrique le recouvrement de ses priviléges; mais jamais aucune nation n'a entendu confier à un souverain, avec le droit de le consolider dans sa famille, le soin de la gouverner. Les rois sont de la société les premiers ouvriers à gage : ils sont, je crois, assez bien payés pour ne pas être en droit de se plaindre quand on ne juge plus à propos de s'en servir. Lorsqu'il s'élève au trône d'une même famille plusieurs souverains successifs, sans qu'il monte, de la part des peuples, de réclamation aucune, vous devez en conclure, non un droit de propriété qui les y soutienne, mais une suite de concessions nationales libéralement accordées, dans l'usage desquelles la reconnaissance doit les suivre.

»Je dis, en second lieu, qu'elle heurte de front l'enseignement des siècles et la coutume des peuples. Si quelques souverains au monde avaient mérité d'être les propriétaires incommutables du commandement et s'étaient trouvés en droit d'en assurer l'immuable possession dans leurs familles respectives, c'eût été, sans contredit, Romulus et Clovis, le premier comme fondateur, le second par le droit de la conquête. Cependant l'autorité du commandement ne s'est soutenue ni dans l'une ni dans l'autre de ces deux familles.

»Romulus eut beau donner naissance au plus florissant comme au plus étendu des empires, nous voyons le droit d'élection faire monter au trône ses premiers successeurs, et son peuple passer légèrement d'un régime gouvernemental à un autre.

»Ce fut en vain que Clovis soumit de vastes contrées à la puissance de ses armes. Ses descendans, après avoir conservé l'autorité l'espace de 264 ans, la virent passer entre les mains du petit-fils de Pépin-d'Héristal. Quelques règnes auparavant, le mode d'élection avait déjà été mis en usage. Il en est fait mention, l'an 683, lors de l'inauguration de Thierri III, à qui l'histoire dit que les seigneurs donnèrent la couronne au détriment de son neveu, un des fils de Childéric II. L'histoire rapporte également qu'après la mort de Chilpéric II, Charles-Martel et les seigneurs jugèrent à propos d'appeler au trône, à la place de son fils, Thierri IV, fils de Dagobert III; mais ce ne fut proprement qu'en faveur du fils de Charles-Martel que le mode électif, sous le règne de Childéric III, l'an 742, transporta la couronne d'une famille à une autre, en l'asséyant sur le chef de Pépin. Ce fut même le pontife romain, dont les décisions en morale sont, nous dit-on, des règles de conduite douées de l'infaillibilité, le pape Zacharie qui appuya ce procédé, en disant que celui qui jouissait de l'autorité en France pouvait y joindre le titre de roi.

» Les historiens citent que la décision de Zacharie passa en oracle parmi les populations françaises, qu'aussitôt on s'empressa de proclamer roi Pépin, et de déposer juridiquement Childéric, qui fut renfermé dans un monastère. Il reste donc évident, aux yeux les moins clairvoyans, que l'hérédité est en opposition directe avec les usages des peuples et la tradition des âges.

» Je dis, en troisième lieu, qu'elle bâillonne le génie et souffle loin des cœurs ce bel amour de la gloire qui marque les siècles au coin de la célébrité. Ce qui donne de l'essor au génie, c'est l'attrait des grandes récompenses. Ce qui développe les talens en tous genres, c'est cette noble ambition de gravir aux honneurs, de faire passer un nom à la postérité sous des caractères aussi honorables que distinctifs, et de montrer des qualités au moins à la hauteur de son siècle ; mais un gouvernement héréditaire paralyse tous ces brillans désirs, repousse le mérite et étouffe la vertu. Des hommes, souvent dépourvus de bon sens, sans autre titre que celui d'appartenir à d'anciennes familles, où l'esprit est en décrépitude comme celui du prince, sont portés aux honneurs suprêmes ; tandis que les talens sont refoulés vers le néant. Le désespoir de faire percer la lumière à travers cet amas ténébreux frappe le génie d'une langueur mortelle, amène le dépérissement des arts, introduit insensiblement le règne de l'ignorance, et fait de ces temps, qui auraient pu être brillans, des siècles d'obscurité où la nature, en apparence lasse de produire les grands hommes, atteste assez les vices intrinsèques à la marche du gouvernement :

d'où je tire la conclusion nécessaire que le principe héréditaire est l'ennémi mortel du génie et de l'amour de la gloire si naturel à l'homme d'honneur.

» Je dis finalement qu'elle enfante de grandes et funestes catastrophes. Un roi, qui sait que le sceptre ne peut sortir de ses mains que pour passer dans celles de ses enfans, se met peu en peine de faire des actions dont il rejaillisse de l'éclat sur sa personne. Il n'est pas comme celui que les désirs tiennent en éveil, qui a besoin de détourner sur lui l'admiration du public, de l'y attacher par le brillant de ses actions pour en faire naître l'amour de sa personne. Au comble de ses désirs, en face de sa prospérité présente, un avenir inamissible des plus douces comme des plus belles jouissances, il se repaît de nonchalance et d'oisiveté. Son règne n'est envers ses voisins qu'une suite de concessions qui caressent légèrement son repos particulier et qui sont toutes préjudiciables au bonheur de son peuple. Il compterait pour rien le sacrifice de la moitié de ses états, pourvu qu'il tînt à l'abri sa propre délicatesse; l'aspect d'un combat le ferait pâmer comme une femme. Aussi ne sort-il de son palais que pour donner à ses sujets le piteux agrément de voir de l'antique royauté promener l'indolence : de là cet abâtardissement des empires, cet accroupissement des peuples, ces mécontentemens sourds, ces murmures prolongés, préludes de ces époques désastreuses, de ces grandes catastrophes qui ne couvrent des précipices que pour en remettre de nouveaux en spectacle, ne comblent des abîmes que pour en ouvrir d'autres et propager ainsi, de siècle en siècle, la misère sur la masse des populations. J'ai donc eu raison de dire qu'elle est une source féconde de désastres et de calamités en tous genres. J'ai démontré, d'ailleurs, qu'elle extirpe des cœurs l'amour de la gloire, enchaîne le génie, combat diamétralemeut l'histoire, se place en travers des usages des nations, travestit en principes des concessions tenues du plein vouloir des peuples, établit le règne de l'esclavage sur les ruines de la liberté, substitue l'arbitraire et la tyrannie à la belle domination des lois, hâte le débordement des passions, l'impétuosité de la licence des souverains comme de leurs sujets, et fait courber la législation devant le sceptre des rois. Il reste donc incontestablement prouvé que cette doctrine est la destructrice de la morale et de l'ordre public : c'est donc en définitive une doctrine en dehors de nos principes. Oui, certes, l'hérédité ne peut conquérir des droits qu'à l'exécration de tous les siècles. La marche d'un gouvernement héréditaire ne saurait, entre autres malheurs, produire que des générations soporifiques, n'enfanter pour un peuple que ces époques de léthargie et de sommeil moral qui le conduisent à l'anéantissement. Un tel régime social ne peut qu'amener la décadence d'un état et le dépérissement d'une société. Ce système serait trop en arrière de la fécondité de nos idées de liberté patriotique. Dans l'ordre actuel, il n'est pas possible. A-t-il existé? une masse imposante de témoignages et de preuves irréfragables concourent victorieusement à le nier. Existerait-il? il faudrait qu'il croulât pour que de ses débris en surgît le bonheur des populations. Le système électif, déjà heureusement introduit parmi nous, est le seul que nous puissions et que nous devions admettre.»

Tout ce discours avait souri aux vues politiques que nourrissaient dans leurs cœurs les deux disciples d'Isamel; mais ces dernières paroles portèrent dans leurs âmes la douleur et la confusion. Elles eurent le trop funeste effet de la tempête qui va troubler inopinément la sérénité de la fin d'un beau jour. Palmella frémit et Amindo prit la parole et dit :

« Ce mode administratif, auquel vous donnez une préférence exclusive, ce système, qui semble ouvrir une vaste carrière au génie, favoriser les talens militaires, s'offrir au mérite comme la plus brillante des récompenses, qui nous fait apercevoir Probus, Pertinax, Dioclétien, Maximien et tant d'autres, monter, des derniers rangs de la milice, aux honneurs suprêmes, et tout près de nous cet aigle vainqueur qui, dans son vol impétueux et rapide, a plané presqu'en même temps sur l'Europe entière, présenterait, au premier coup d'œil, quelques-uns de ces attraits vers lesquels l'homme se sent entraîné par une pente irrésistible; si la nature ne s'appuyait du son imposant de sa voix pour repousser un régime qui donne naissance au plus froid égoïsme, souffle dans les grands l'esprit de jalousie, allume le flambeau des guerres civiles, et ouvre la porte à une foule d'assassinats; or, je soutiens que le système en question fournit matière à tous ces désordres.

» La nature, qui aime à se montrer équitable envers tous les hommes, parce qu'elle en est la mère commune, cherchant à départir ses dons de manière à satisfaire tous ses enfans, ne paraît pas toujours disposée à marier les richesses de l'esprit avec les avantages de la fortune, quoique parfois, et pour des raisons secrètes, elle se fasse gloire de donner en spectacle cette heureuse et brillante union. Il en résulte, dans toute hypothèse, que la médiocrité et l'opulence seront alternativement les compagnes inséparables de celui que le mode électif portera au faîte de l'autorité. Or, je dis que de l'un et de l'autre cas naîtra l'égoïsme comme un rejeton naturel; car, si le nouveau prince est dans la médiocrité, il voudra se faire une fortune au niveau de sa position sociale. Fût-il le plus riche de l'état, les désirs toujours croissans de l'insatiable cupidité, commune à tous les hommes, lui feront découvrir la réalité des besoins là où des particuliers n'en verraient pas l'ombre. L'assurance précaire de soutenir son existence dans la société donnera des ailes à l'avidité de ses convoitises et lui fera agglomérer, autour de son trône, les richesses de l'état pour s'en faire un rempart contre la versatilité des opinions populaires, pour se façonner un brillant asile où les coups d'un revers inattendu soient trop faibles pour se faire sentir. Ce sera un vampire prêt à boire les sueurs, et, s'il le faut, le sang des peuples. Il méconnaîtra les besoins de ses sujets : ses soins ne s'étendront qu'à corrompre par des largesses, empruntées sur les biens de la nation, les gardiens des deniers publics, et, en assurant au trésor dilapidé un asile sur les terres de l'étranger, il se consolera de son impuissance à abriter sa propre autorité.

» Ainsi on fera justice à ce prince de le ranger parmi ces rois qui n'ont de souci aucun pour le bonheur de leurs peuples, mais qui jettent tous leurs besoins aux pieds de l'idole de leur propre grandeur. Pour garant de ce que je dis, je ne veux ici d'autres témoins que des siècles passés, j'aurais peut-être même droit de dire, que des temps d'aujourd'hui la triste et trop longue expérience.

» Cependant la dignité du commandement ainsi dégradée, devenue un trafic vil et mercenaire, ne laisse pas de tenter l'ambition et de faire éclore bien des jalousies. Tous les hommes sont portés à désirer les honneurs pour eux-mêmes, et ressentent, de leur permanence dans le même état, en face de l'élévation d'un égal, je ne sais quelle douleur de position, à laquelle il n'est pas donné de se rendre insensible; mais ce dépit a une vivacité toute particulière pour les personnes à qui leur situation sociale, l'éclat de leur rang et leurs qualités personnelles doivent inspirer une supériorité de désirs et une tendance que ne sont point en droit de partager les élus privilégiés.

»S'il est douloureux, pour quelqu'un qui est bassement infatué d'un prétendu mérite, de voir tomber la balance du côté opposé à ses desseins, qui peut exprimer ce que doit éprouver celui qui a la conscience méritée de ce qu'il est et la conviction de ce qu'il pourrait être ! Car il est permis de remarquer en passant que le vrai mérite, le mérite supérieur, n'est pas le titre auquel on fasse le plus souvent justice ; bien qu'il faille à des appuis étrangers un mérite quelconque pour se faire jour à travers la foule et conquérir les suffrages.

» S'il est dur de plier sous un homme que naguère l'on disait son égal, quelle peine de voir étendre sur soi le joug de la domination de celui que l'on croyait devoir toujours regarder d'en haut à des distances bien inférieures ! De là ces murmures sourds d'un mérite prétendu, ignoré, ou d'un mérite réel, indignement méconnu ou injustement persécuté, ces jalousies secrètes, préludes ordinaires des guerres civiles qui en sont la trop funeste suite.

» Trompés dans leur attente, ceux dont l'apparence ou la réalité du mérite a été blessée communiquent à leurs amis leurs secrets mécontentemens, et, comme leur situation dans l'état leur assure une certaine influence, ils mettent tout en œuvre pour l'exploiter dans leurs intérêts. Il n'est pour eux de besoin plus pressant que de s'associer d'autres mécontens, bien disposés en apparence à leur prêter un appui désintéressé, mais dans le dessein privé de se faire justice d'une injure reçue et d'élever, à la faveur des troubles et au milieu du feu de la guerre, l'édifice de leur grandeur particulière. Ils courent aux armes, redemandent à la force les droits dont ils se croient privés, et couvrent de ruines cette patrie pour la protection de laquelle ils étaient nés. Les droits de l'humanité sont violés. Le parti vainqueur se plonge impitoyablement dans le sang de ceux que lui assujettit la puissance momentanée de ses armes. De là ces trahisons, cette licence effrénée des troupes qui se font un jeu d'assassiner leurs souverains. Témoins les empereurs, Tacite, que l'histoire nous montre comme un vieillard plein de sagesse, et qui fut assassiné après quelques mois de règne, Probus, homme d'un mérite rare, que les soldats mirent à mort, lorsqu'il les occupait à dessécher un marais près de Sirmium, Pertinax, que les soldats prétoriens, irrités des réformes qu'il méditait, massacrèrent au milieu de Rome, et plusieurs autres dans les cinquante ans qui comblent l'intervalle du règne de Maximien à celui de Dioclétien, sans parler d'une foule de souverains qu'il serait trop long d'énumérer, et qui n'ont dû leur fin tragique qu'à ces nombreux désordres, dont je viens de parler, qui tous puisent leur source commune dans ce mode d'appeler à l'autorité suprême : ce qui me porterait moi-même invinciblement à conclure au rejet du système électif.

» D'ailleurs, sans aller scruter la nature de ces deux gouvernemens, sans examiner ce qu'ils peuvent et ce qu'ils doivent être, nous plaçant en dehors des préjugés, bornons-nous à considérer ce qu'est par le fait la royauté. C'est un gouffre où tout s'engloutit, biens, richesses, honneurs, et duquel ne surgit, comme de son principe, que la misère des populations. C'est un arbre immense qui stérilise la terre qui le nourrit en attirant à lui de toute part un suc vital qu'il partage seulement, et même avec sobriété, aux différens rameaux qui forment sa gloire.

» Si quelques particuliers élèvent, en même temps que les rois, l'édifice de leur fortune et de leur grandeur, et ont droit de s'applaudir de leurs libéralités, qu'ils sachent qu'ils ne les tiennent que de la nécessité où ils se trouvent de les employer, et de l'avantage personnel qu'ils leur procurent. Les rois n'ont de la munificence que par principe d'économie; ils concentrent autour d'eux les biens de l'état, et n'en entourent que les appuis de leurs trônes. C'est la somptuosité, c'est le luxe des têtes couronnées qui appauvrit les populations, c'est cette froide indifférence pour les peuples, dont ils tiennent leur élévation, et qu'ils ne regardent plus que comme de vils troupeaux d'esclaves, tandis qu'un bon roi devrait être le premier esclave de la nation, ce sordide égoïsme qui attire tout à lui, pendant qu'il ne laisse au loin que les horreurs du vide.

» Pour voir quels sont les rois qui travaillent efficacement à la félicité de leurs sujets, et porter sur cette matière un jugement qui ne s'écarte nulle part de la voie de la justice, consultons l'histoire, l'oracle de la vérité, nous verrons le petit nombre de bons rois se confondre, isolé et perdu, dans la foule des rois, l'opprobre de leurs siècles. Entrons dans l'empire le mieux policé de l'univers...Entre les Tibère, les Caligula, les Néron, les Domitien, les Commode, les Caracalla, les Héliogabale et mille autres; les historiens ne peuvent guère offrir au lecteur, parmi les règnes de quelque durée, que Constantin, Trajan, Auguste et Théodose.

» Qu'ont été la plupart de vos rois? Des êtres nuls qui n'ont fait que dormir sur le trône, qui se sont ennoblis, même long-temps après qu'on leur a eu fait grâce de ce nom, du titre peu fastueux de rois fainéans, et qui n'ont cessé de préférer leur mollesse et le service de la beauté à celui de la patrie... Et de nos jours, pourquoi cette manie de ruiner les peuples par la levée d'impôts exorbitans? Quelle énorme différence des monstrueux budgets de notre époque avec les douze ou quinze cent mille livres du temps qui étaient le revenu ordinaire de l'état français, au commencement du quinzième siècle, sous le règne de votre Charles VII, avec les huit millions de François Ier, avec les douze millions de Charles IX ! Et cependant on soldait des troupes, on faisait la guerre, on prenait des villes du temps de ces rois !.... Qui nous ramènera ces siècles de noble simplicité, où les vainqueurs cultivaient de leurs propres mains le champ qui fournissait à leur subsistance, ces temps où Probus inspirait le respect et commandait l'effroi aux ambassadeurs du roi de Perse en prenant son repas sur l'herbe ? Mais demander à les voir renaître, c'est viser à l'impossible. Il nous faut un gouvernement sous la main des lois, mais non un gouvernement qui sache se les soumettre et vivre d'arbitraire. Un gouvernement de sympathie est celui que nous devons appeler à étendre sur nous son égide protectrice, un gouvernement régénérateur de nos constitutions sociales, un régime qui fasse revivre nos libertés, un système philantropique, désintéressé, ami du bien commun, jaloux de la prospérité publique; mais où le trouver? hors de la société? c'est absurde. Il doit donc de la réunion de ses membres divers de bel ordre surgir. »

Palmella, à qui la timidité avait d'abord empêché de donner, en présence d'Isamel, un libre cours à ses opinions politiques, puisant de la confiance dans l'aveu d'Amindo, poursuivit en ces termes :

« Cher et vénérable Isamel, je vais vous faire un aveu auquel je n'eusse pas d'abord osé me décider. J'ai toujours cru qu'une république, chargée de l'expérience des temps passés, douée de sagesse dans ses démarches et riche de prévoyance, serait le seul régime administratif capable d'enfanter, de soutenir et de propager ces jours de bonheur si désirables pour des peuples accalillés sous le joug de l'oppression. Je ne crains pas de dire, à la face de mon siècle, que, croyant y voir la félicité de la grande famille des populations, je serais indigne du nom de citoyen si je ne m'empressais de mettre en œuvre toutes les ressources capables d'en préparer les voies et d'en précipiter l'heureux événement.

« Les vrais citoyens doivent s'oublier eux-mêmes, en isoler leurs pensées, et attacher un regard exclusif sur les intérêts de la patrie. Aussi déploîrai-je à cet effet toute la fermeté et la vigueur de mon âme, dussé-je, nouveau Régulus, retourner à Carthage pour y attendre des fers comme ce généreux Romain, et partager son malheureux sort. Un songe semblable à celui de Décius me montrerait-il la victoire à acheter, à pareille condition, à mon parti, que je volerais à l'abîme avec allégresse. Je sais, comme dit Périclès, « qu'en donnant son corps au public, on s'acquiert une louange éternelle et l'on se dresse un superbe monument. » Je n'ignore pas que, pour avoir dit une fois la vérité à leur pays, des hommes célèbres n'ont mérité, de l'ingratitude de leurs semblables, par cet acte d'héroïsme, que la faveur de l'exil; mais j'aime à croire qu'ils ont dû se consoler en s'appropriant les paroles suivantes du même orateur : « Toute la terre est le tombeau des hommes illustres qui n'est pas connu en un seul lieu, mais qui s'étend partout où leur gloire est répandue. » De combien n'est-il pas préférable le jugement de la postérité à celui des contemporains? Aussi est-ce à la vénération des siècles futurs que je veux confier le souvenir de ma conduite, persuadé que vous ne pourrez qu'apprécier la grandeur de mes vues et rendre justice à la rectitude de mes procédés.

» J'aurais cru, cher Isamel, que le gouvernement populaire eût été celui que vous auriez désigné. Un gouvernement semblable est le seul qui fasse éclore les grands hommes. C'est du temps des républiques de la Grèce que cette florissante et mémorable contrée a vu naître ses héros et ses sages. C'est dans ce temps que les Miltiade, les Thémistocle, les Aristide, les Epaminondas, les Alcibiade, les Pélopidas ont illustré Thèbes et Athènes leurs patries. C'est dans ce temps fortuné que Rome a donné le jour à ses Quinctius, à ses Scipion, à ses Fabius, à ses Pompée, à ses Fabricius et à ses César surtout, dont les dominateurs romains crurent si long-temps, en empruntant les noms, s'associer la gloire.

» Le gouvernement populaire guérit

bien des ambitions, éteint mille jalousies, en excluant d'une société cette dignité unique, à laquelle élèvent soit la concession aux prétentions héréditaires, soit l'assentiment des peuples. La royauté devient le sanctuaire d'un temple qu'environnent des milliers de prêtres, les soutiens de sa gloire ; mais parmi lesquels il n'est aucun souverain sacrificateur qui puisse ou qui ose y pénétrer, pas même une seule fois dans l'année ; parce qu'ils savent tous que, sans y trouver la mort, une semblable démarche produirait l'extinction de cette ère de bonheur social, à la conservation de laquelle ils mettent toute leur joie d'immoler le repos de leur vie.

» Je ne veux point parler d'une république semblable à celle qui doit être pour vous de trop sinistre mémoire ; je veux que l'assemblée de ses représentans soit comme celles de votre

Charlemagne, et que les députés des nations, en y entrant, croient, comme autrefois les envoyés d'Orient, sous le prince dont nous parlons, entrer dans une assemblée de rois. Je veux qu'elle inspire la confiance, qu'elle fasse naître le respect, qu'elle commande l'effroi à toute la terre, comme le vieux sénat des Romains, qu'elle soit une espèce de Panthéon, et que tout ce qu'il y aura d'hommes raisonnables en Europe puisse confirmer la justice de cette dénomination; mais il ne faut pas qu'en y entrant on éprouve la douloureuse impression dont il était impossible de se défendre jadis chez vous, en jetant les yeux sur ces banquettes du côté droit, où allaient tristement s'asseoir des victimes hautement désignées, ni qu'on puisse se rappeler ces paroles des gladiateurs romains: *Cæsar, morituri te salutant.*

» Non, certes, non, ce n'est pas un règne de sang, d'horreur et d'effroi, dont le déplorable souvenir porte encore au fond de l'âme une impression mortelle qu'il faille faire revivre, une ère de forfaits inouïs, d'atrocités sans nombre, un règne d'impiété, où le culte n'ait pour temple que le délire, les autels pour victimes que des prostituées, où l'anarchie sanglante parcoure la patrie en tous sens, et fasse tomber à volonté les têtes des vertueux citoyens indignement réputés fanatiques, où l'héroïsme puisse ranger sous ses drapeaux une infâme *Théroigne de Méricourt*, l'opprobre de la jeunesse française de ces temps de crime et de scélératesse, un système où il faille, selon l'expression de l'un de ses soutiens, pour éteindre les regrets des peuples pour les anciennes constitutions, faire tomber sous le fer toute la génération témoin du gouvernement monarchique, qui avait fait place à la révolution, pour mettre l'ignorance et la déraison à portée de faire sympathiser le reste des peuples avec de sanguinaires et tyranniques institutions.

» Les hommes de notre époque ne sont plus des monstres. Vous n'avez plus les Robespierre, les Marat, les Danton, les Legendre, les Collot-d'Herbois, les Saint-Just, les Tallien, les Couthon, les Hébert, les Chaumette, et mille autres à qui la France aura toujours à regretter d'avoir donné le jour.

» Je ne veux pas qu'Israël, en secouant le joug de Babylone et en relevant les yeux sur sa patrie désolée, puisse voir sa jeunesse, en tenant l'épée nue contre le Samaritain jaloux, jeter les fondemens d'un nouveau temple gouvernemental, et mêler les accens de sa joie aux larmes des vieillards, tristement reportés sur le souvenir de celui qui précédemment existait. Je préférerais voir la misère continuer à se traîner pesamment sur les populations que de leur créer des destins prospères et d'être réduit à la nécessité de les cimenter de leur propre sang. Il faut que la joie des vieillards surpasse celle des enfans, par la comparaison de leurs malheurs passés avec leur félicité présente ; au lieu que la jeunesse n'aura que cette jouissance instantanée que n'accompagne point cette beauté idéale dont aime à entourer le bonheur de sa position celui qui survit à sa propre infortune. Il faut de toute nécessité que le culte de la divinité soit la base fondamentale de toute constitution, qu'il la rende respectable et sacrée ; car c'est de lui que les lois empruntent leur force, et les principes constitutifs leur immutabilité.

» C'est une vérité qu'avait bien sentie le fondateur de la plus glorieuse comme de la plus brillante société de l'univers. Il ne lui eut pas plus tôt donné naissance qu'il se hâta de lui associer la divinité pour en être la gardienne et la protectrice. Elle a apparu, cette vérité, à tous les législateurs anciens, même à ceux qui se sont montrés à la tête des nations, selon nous, réputées plongées dans la barbarie.

» En effet, pourrait-elle entrer dans l'esprit d'un homme sensé la pensée de bannir la divinité d'une société? Non, certes, il croira toujours que le Dieu qu'entrevoyait Socrate, celui que Cicéron reconnaissait dans le secret, doive présider à toute société. Il n'y a que l'insensé, que celui qui veut déverser sur sa mémoire le dédain qui suit l'ignorance et l'opprobre de tous les temps, qui soit capable d'oser entreprendre de bâtir un système aussi dépourvu de raison.

» En appelant la divinité à régner au milieu du corps social, comme pour lui servir de centre unique et de base indestructible, n'allez pas toutefois vous imaginer que je prétende faire affluer sur les ministres des autels les honneurs et les dignités qui doivent entourer le corps diplomatique, récompenser les talens militaires et allumer le flambeau de la gloire dans le cœur de la jeunesse.

» Quoique d'avis qu'on leur maintienne les gratifications de l'état, qui sont plus que suffisantes pour les ministres supérieurs, je ne pense pas, comme Romulus, qu'il faille diviser la terre classique et nationale pour les y admettre, en tierce partie, comme possesseurs paisibles ; je veux qu'ils sachent se borner à la rosée du ciel, sans porter de cupides regards sur la graisse de la terre, qu'ils se contentent de recevoir la nourriture journalière du désert, sans mêler le dégoût présent au regret des viandes égyptiennes, qu'ils puissent dire sans rougeur aux Pharaons du temps : « Notre condition est celle de pasteurs, qu'ils se suffisent, les uns de la houlette de Pierre, les autres de la verge de Moïse ou d'Aaron, sans approcher une main téméraire près de l'épée des Gédéon, sur laquelle repose l'autorité redoutable, qu'ils ne songent point à allier le drapeau militaire à l'oriflamme céleste, qu'ils s'occupent ou à repaître le troupeau de celui à qui il a été dit de lui donner la pâture, ou à conserver les traditions de ceux dont le chef a vu fleurir sa verge, sans vouloir sortir du cercle exclusif de leurs officielles occupations, et que les constitutions soient, pour ces nouveaux *Oza*, une arche sainte dont le péril même ne puisse solliciter le secours de la main. Il faut, en un mot, que tout culte quelconque soit renfermé dans l'étroite enceinte de ses strictes attributions, si nous voulons mettre notre société en possession de l'ordre nécessaire à toute espèce de gouvernemens. »

» Mais ce n'est pas tout d'avoir réussi à introduire un nouveau mode d'administration, il faut travailler à en consolider les bases, à lui assurer une marche prospère et de nature à perpétuer son existence ; ce qui n'offre pas des difficultés à dédaigner. Il en est, selon moi, de la science gouvernementale, au moins tout ce que dit Périclès de la navigation, « qu'elle n'est pas de ces sciences qu'on puisse apprendre en ne s'y exerçant que médiocrement, mais de celles qui demandent un homme tout entier. » J'ajouterai, avec lui, qu'un gouvernement sage ne peut se rencontrer qu'entre les mains de ceux qui sont en droit de s'accompagner du savoir, de l'éloquence, de l'amour de la patrie et du mépris des richesses. Il faut du savoir. Si un manquement opéré par un particulier, en ce qui concerne des intérêts privés, peut avoir de fâcheuses suites, quels terribles et sinistres résultats doit rassembler celui d'un de ceux que la fortune établit au timon d'un état ! de quelle prudence ne doivent-ils pas s'entourer ! « On doit se tenir sur ses gardes, dit Archidamus ; les moindres choses donnent quelquefois le branle à de grands événemens. » Il faut de l'éloquence pour rendre les vérités aimables et porter les peuples à les embrasser. De l'amour de la patrie, pour s'élever au-dessus des dangers, en pensant, comme Périclès, que « c'est des grands dangers que résultent les grandes gloires, tant pour les particuliers que pour les empires. » Du mépris pour les richesses, afin de pouvoir dire avec vérité, comme le même orateur : « Notre gouvernement est populaire ; parce que nous avons pour but la félicité du peuple, et non pas celle de quelques particuliers. » Chaque membre de la société des gouvernans, pour former un ensemble puissant de forces compactes, doit attacher ses regards sur ce grand principe, que toutes les fois que l'intérêt social demande des soins, le bien particulier doit se taire, abjurer toute vue d'agrandissement personnel, et prêter tout l'appui de son bras à soutenir les constitutions.

» Il faut, pour être admis à partager le commandement, des hommes tout dévoués au bien de la société. Peu importe quelle soit leur naissance ; pourvu que les qualités de l'esprit décèlent en eux des hommes de ressource et de mérite. Nous ne faisons en cela que nous conformer aux plus florissantes républiques de l'antiquité. Voici ce que dit Périclès en parlant de la nature constitutive du gouvernement de son pays :

« Tous ont même droit à l'empire, quoique de conditions différentes. L'honneur n'est pas déféré à la noblesse, mais au mérite. La pauvreté ni la bassesse de la naissance n'empêchent point un homme de monter aux dignités, pourvu qu'il s'en rende digne et qu'il puisse être utile à son pays. » Nous ne saurions nous servir de plus beaux modèles que de ceux qui rappellent à nos patries les beaux siècles de la Grèce, et qui sont capables d'en réveiller le génie dans l'esprit de nos contemporains, et de leur en associer la gloire.

» Mais une chose dont il faut que les représentans d'une nation sachent bien se pénétrer, c'est la nécessité de faire présider la clémence et la modération à toutes leurs démarches. Il arrive malheureusement trop souvent que le parti vainqueur, autant irrité que fatigué d'une trop longue lutte d'opinions et de principes en face de celui que les circonstances lui assujettissent, n'appesantisse sur lui le joug de son autorité d'une manière qui devient également funeste et aux vainqueurs et aux vaincus. Que les haines particulières, loin de trouver un champ libre à s'exercer, y rencontrent toutes leur tombeau, que toutes les inimitiés soient éteintes, que, dans ce jour mémorable, retraçant la douceur et la modération de César, après sa victoire sur Pompée, à son entrée dans Rome, et celle d'Auguste pardonnant à Cinna, le parti vainqueur dise à ceux qui auraient mérité d'encourir sa haine, comme Adrien, le jour qu'on l'éleva à l'empire, dit à un homme qui s'était déclaré son ennemi et qui l'avait maltraité : *Mon ami, vous voilà sauvé!* que la république estime, comme Titus, une journée perdue, celle qu'elle n'aura pas eu occasion de marquer par quelque bienfait; et elle assurera aux peuples la félicité de l'âge d'or, et elle se garantira à elle-même la durée du soleil.

« Mon jeune ami, reprit Isamel, je ressens du plaisir à voir la grandeur de vos vues; votre désintéressement me charme, et je vous trouve d'autant plus digne d'éloges, que vous ne craignez pas de descendre de la splendeur de votre rang, où vivent tant d'autres, loin de tout souci de la misère du peuple, pour en sonder la profondeur et employer vos soins à l'adoucir; mais souffrez que je vous dise de prendre garde de ne pas vous laisser séduire par de trompeuses apparences; car souvent l'esprit humain, frappé d'un rayon de vérité qui jette une lueur rapide et passagère au milieu des ténèbres, se met à sa poursuite dans l'instant qu'il est sur le point de disparaître dans l'épaisseur des ombres, et ne saisit que le fantôme au lieu de la réalité qu'il se flattait d'embrasser. A votre âge surtout, la raison est facile à se plier aux impressions du moment, sans envisager assez l'ensemble des choses.

» Vous prétendez alléger le fardeau de la misère publique par l'introduction d'un gouvernement populaire; mais ne vous étayeriez-vous pas de croyances politiques erronées ? Je veux un instant supposer que cette marche gouvernementale, telle que vous voudriez l'établir, fût le mode administratif le plus fructueux pour la société; bien que je sois loin de penser, comme vous le dites, que la république soit le seul des gouvernemens qui fasse naître les hommes illustres; car je suis presque convaincu que le siècle de Louis XIV a produit à la lumière plus de guerriers, plus de grands hommes, plus de célébrités en tous genres que toutes les républiques de la Grèce et de Rome. Je vous demanderai seulement si ce système social est possible.

» Un esprit bien né, qui raisonne dans le calme des passions, qui sait leur imposer silence et les tenir en bride, ou qui se sent l'âme brûler d'un noble dévoûment pour la cause de l'humanité, n'a pas de difficultés à créer de belles théories de gouvernemens philantropiques ; mais à peine se met-il en position de les réaliser, que les obstacles naissent en foule et se montrent d'autant plus insurmontables qu'il redouble d'efforts pour les réduire en pratique.

» Un gouvernement populaire, conforme à vos désirs, ne s'asseoira jamais inébranlable que sur les débris des passions du genre humain. Et comment les bannir du cœur de tous les hommes et leur en interdire pour toujours l'entrée ? Quoi ! ce que soixante siècles ont été impuissans à opérer, nous aurions la confiance d'en faire l'œuvre d'un moment ?

» Vous vous plaignez du honteux égoïsme des têtes couronnées ? Hé ! mon jeune ami, qui vous assure de trouver des gouvernans plus défaits de toute vue d'agrandissement matériel? Vous déplorez le petit nombre de bons rois que fournit l'histoire, vous sera-t-il plus facile de rencontrer des milliers d'hommes dévoués au bien général de la société que d'en discerner un seul dans toute l'étendue des masses?

» Vous prétendez, à juste titre, qu'un gouvernement sage ne peut nous être garanti que par des hommes pleins d'amour pour la patrie et de mépris pour les richesses; mais où les prendre ces hommes, dans un siècle d'égoïsme et de basse cupidité? La nature ne produit plus les *Timoléon* ni les *Aristide*, ou, s'il en existe, ils se contentent, dans leur impuissance à faire triompher leurs sentimens sur un siècle de corruption, de gémir ignorés dans l'isolement et balotés, çà et là dans l'espace, par la vague des populations.

» Vous voulez des hommes désintéressés !.... Mais quel est celui d'entre nous, à quelque opinion qu'il appartienne, qui pourra puiser, dans notre siècle, l'exemple d'un seul homme qui ait voulu prêter son bras au soutien de l'état, et qui se soit refusé aux avantages de sa place ?

» Cette conduite paraît même assez dans l'ordre de la nature ; car quel serait l'homme, en possession d'une fortune brillante, qui préférerait, à la douceur de sa jouissance, les embarras des affaires, s'il ne devait en retirer aucun fruit ? Il n'y aurait que ces âmes rares, dont le dévoûment, plus rare encore, se montre, sur la scène du monde, dans le lointain des âges, comme ces phénomènes qui apparaissent à des époques de l'une à l'autre bien reculées, et qui, par-là même, fixent, avec plus d'étonnement que d'admiration, le regard des peuples. « Cependant, nous dit un auteur célèbre, le patriotisme est la base de tout gouvernement démocratique ; l'esprit public ne peut s'altérer sans emporter l'état vers sa ruine. » Je vous laisse la conséquence de ce principe à tirer.

» Je veux convenir, avec vous, qu'il y ait eu peu de rois qui se soient efficacement employés au bien de leurs sujets, mais combien est-il de républiques qui en aient fait le bonheur ? Pour servir de témoignages à mes paroles, je ne veux vous soumettre ici que celles d'un Perse sur la liberté de la Grèce :

» Gardez-vous, disait-il aux Grecs, de vous fier aux vaines déclamations de vos écrivains. Citez-moi, je ne dis pas une nation, mais une seule ville qui n'éprouve, à tous momens, les cruautés du despotisme et les convulsions de l'anarchie. » Et moi, j'ajouterai : « Défions-nous de ces philantropes déclamateurs, reportons nos regards sur le passé, et prions-le de nous servir de guide.

» Au temps du roi Philippe, nous dit un ancien auteur, la décision des affaires publiques, chez les Athéniens, était soumise aux assemblées de la nation, qui n'étaient qu'une chaîne de factions opposées, dont chacune n'avait pour objet que ses vues et son intérêt particulier. Chacune convenait de la nécessité des charges de l'état et ne laissait pas de chercher à les rejeter sur les autres et à s'en affranchir. Le public avait des chefs de parti et des orateurs dont tout l'art consistait à entretenir ses désordres : ils étaient les ressorts secrets de tous ses mouvemens destructeurs. C'est en raccourci le tableau de ce qui s'opère de nos jours en France.

» Mais si les passions fermentent et bouillonnent si vivement à l'ombre de la royauté, quelles terribles explosions ne produiraient-elles pas sur le sol enflammé et au soleil brûlant d'une révolution ? Dans tous les gouvernemens populaires, il est toujours, parmi les représentans de la nation, une foule de vues, d'intérêts, de projets qui se heurtent et se croisent dans tous les sens. Auraient-ils même abjuré tout intérêt privé, et seraient-ils tous d'accord pour porter leurs regards vers le bien général de la société, qu'ils tendraient à ce but par des voies différentes et par des procédés contraires : de-là ces contestations, ces débats, ces scissions de partis, ces cabales, ces désirs de supplanter des rivaux ou de les laisser loin en arrière, lesquels nuisent toujours à la prospérité des peuples, soit que les forces fassent équilibre et se neutralisent par le balancement de leur puissance réciproque, parce que les affaires qui regardent l'intérêt de la société languissent, soit qu'un pouvoir de contrepoids ne puisse s'établir, parce qu'alors les partis se renversent et le sang ruisselle; sans parler non plus de cette jalousie, de cette ambition qui ne sont jamais entièrement éteintes au cœur de l'homme, ni de cette foule d'autres passions basses qui ne cessent de leur fournir leur sinistre cortége.

» Je veux que, par impossible, vous trouviez des hommes qui embrassent, d'un regard désintéressé, la noblesse de leur occupation, et se portent, comme par un attrait irrésistible, à travailler à la félicité du peuple; encore faudra-t-il que ce peuple souffre que l'on s'occupe d'améliorer son sort, et c'est souvent, par un renversement étrange, ce qui n'arrive pas.

» Pour en demeurer convaincu, il suffit de le connaître dans sa nature; pour moi, qui l'ai vu de près, je dis que c'est un être moral qui en forme deux, souvent aussi injustes l'un que l'autre, le peuple instruit et celui qui ne l'est pas. Le premier, dominé par l'esprit d'ambition et de cabales, et le second, séduit par les préjugés et enveloppé des ténèbres de l'erreur : l'un ne faisant usage de ses lumières que pour tromper l'autre, le premier sans cesse occupé d'obséder le second, qui, pour la plupart du temps, comme un instrument aveugle, ne se meut, par un instinct brutal, que pour servir de honteux ministre à l'injustice de la volonté de celui qui lui imprime le mouvement.

» Trop souvent cette dernière partie du peuple, méconnaissant ses propres intérêts, est la première à jeter des entraves au-devant de ceux qui travaillent à son avantage, et ne récompense leur zèle pour son service que de l'ingratitude la plus noire. Si je voulais citer des exemples à l'appui de ce que j'avance, les exils, les proscriptions des républiques de Rome et de la Grèce me montreraient ici une foule de vertueux citoyens prêts à soutenir ma voix de leurs énergiques réponses.

» D'ailleurs, il n'est pas de gouvernement vraiment populaire. Ce mode administratif n'est jamais qu'une oligarchie perpétuelle. Serait-il même le plus populaire possible, qu'il n'en satisferait pas pour cela toutes les exigences. Les hommes les plus dévoués à la cause du peuple se verraient en butte aux mécontentemens et aux haines secrètes qui, tant de fois, ont entravé ou mis un terme funeste aux meilleurs gouvernemens. A côté des Auguste, les siècles ont produit les Cinna, et les Cimber à côté des César. Tout près du berceau des Henri, les Ravaillac dormaient sur le sein de leur mère.

» Vous voulez, dans votre république, de l'humanité, des mœurs et des sentimens religieux; mais avez-vous bien mesuré toute l'étendue de vos exigences? ne savez-vous pas que, sans se mettre en peine d'examiner que la morale publique ne repose que sur la morale particulière, ils disent, les insensés, qu'il faut laisser la religion pour servir de jouet à l'enfance, que ses pratiques ne sont plus en rapport avec nos mœurs non plus qu'avec notre haute civilisation, que le culte n'est bon que pour les siècles d'ignorance et de préjugés?....

» Ainsi, les beaux siècles de la littérature de Rome et de la Grèce, qui sont des sources si fécondes en richesses pour nous, au foyer desquels le génie refroidi ou éteint va rallumer son flambeau, ces siècles où nous puisons toutes nos connaissances étaient des siècles d'ignorance et de préjugés !.... Et ces peuples..... honoraient-ils les dieux ? Je ne vous rappellerai que le culte que leur rendait Alexandre.....

» Après la bataille d'Arbelles, ses premiers soins furent de leur rendre grâce de sa victoire. S'agit-il, dans la Bactriane, de faire gravir, au sommet du rocher d'Oxus, trois cents jeunes héros ? il fait avec eux le tour de la montagne, et prie le ciel de leur assurer le succès de cette entreprise. Pendant que Tyr était encore toute fumante du sang de ses enfans, il se hâte de sacrifier à Hercule, et conduit lui-même la cérémonie avec toutes ses troupes sous les armes. Le conquérant passe à Jérusalem, monte au temple et y sacrifie au vrai Dieu. Vole-t-il de la Grèce en Asie, dès qu'il arrive au milieu de l'Hellespont, il immole un taureau à Neptune et aux Néréïdes, et fait des effusions dans la mer avec des coupes d'or. A peine a-t-il touché du pied le sol de l'Asie, qu'il dresse des autels sur le rivage à Jupiter, à Minerve et à Hercule, comme il l'avait déjà fait au sortir de l'Europe. Mais en France, nous n'avons plus besoin de culte. Ce serait une bassesse que d'adresser, en passant, sur le chemin de la vie, un hommage à la divinité. Je me trompe, nous avons pour temples les théâtres, et pour dieux le plaisir.

» Les représentans de la nation doivent marier à la saine morale les beaux sentimens d'humanité : disposition sage où je crois, dites-vous, tous les partisans du gouvernement populaire. Mais vos regards, mon jeune ami, ont-ils pu pénétrer le fond de leurs âmes? Vous en êtes-vous assez rapproché pour y lire leurs arrière-pensées? Diriez-vous même avoir fraternisé avec eux et être devenu le confident de leurs secrets, que vous ne pourriez m'empêcher de vous répondre :

» Et moi aussi, j'ai scruté leurs vues, j'ai sondé leurs projets, j'ai pénétré leurs desseins, que mes paroles ne vous soient pas suspectes...... J'en parle sciemment, et je dois vous dire que mes oreilles n'ont reçu qu'avec horreur les paroles suivantes, cent fois tombées de leurs bouches en ma présence:

» Il est une surabondance de vie dans le peuple ; si nous réussissons, il faut le décimer au moins six fois, et étouffer, jusque dans son germe primitif, cette morale qui n'est qu'un vain mot aussi fastidieux que dépourvu de raison. Le bien-être particulier, le doux penchant de la nature, est l'unique et rigoureuse loi sous l'empire de laquelle tout doit fléchir. Et remarquons, en passant, que toutes les victimes destinées à tomber sous la faux révolutionnaire étaient d'avance choisies parmi tout ce qu'il y a de plus respectable dans toutes les classes de la société et de plus digne de conserver des titres à la considération publique.

» Ainsi, tel formait des vœux secrets pour le succès de la cause républicaine qui s'en serait trouvé la première victime. Ainsi, vous, mère, vous allaitez paisiblement, au sein de votre famille, l'enfant qui eût été égorgé dans vos bras et au sang duquel vous eussiez mêlé votre sang avec vos larmes; vous, père, vous faites la joie d'un fils auquel vous eussiez été ravi; et vous, qui vivez sous l'œil protecteur de mères vigilantes et vertueuses, vous ne devez qu'au mauvais succès de cette funeste entreprise de revoir ceux dont la présence ouvre vos cœurs aux douces impressions de la joie et les fait battre à l'espérance. Loin de songer à jeter les fondemens d'un gouvernement tel que vous le proposez, vous ne devez donc pas ressentir de plus pressant besoin que de remplacer de telles sympathies par des sentimens plus dignes de vous.

» Vous dites que les hommes de notre époque ne sont plus des monstres? Ceux qui vivaient au temps où éclata la révolution, dont furent témoins nos pères, ne passaient pas non plus pour des monstres; cependant la plupart d'entre eux se conduisirent comme tels.

» Qui pourrait, aujourd'hui, nous donner des garanties contraires? Un levain aigri ne sera jamais préférable à ses élémens primitifs. L'empreinte du génie révolutionnaire, scellée, naguère encore, aux murs de notre grande cité, serait, elle seule, une voix assez forte pour nous faire entendre notre destinée future ?

» Je veux qu'il y ait, dans cette opinion, des hommes dans le cœur desquels ne se trouvent point ces sentimens de basse cruauté, et qui aient fixé leurs vues dans un rayon élevé au-dessus du niveau des âmes vulgaires ; mais, parmi ceux qui déterminaient la marche du gouvernement révolutionnaire que vous détestez, il était également des hommes qui abhorraient le sang : et cependant, le sang en ruissela-t-il moins à grands flots ? Parmi le nombre des gouvernans, s'il en est sur qui la raison conserve tout son empire, le nombre en est toujours petit, et la majorité l'emporte. D'ailleurs, s'ils montrent trop d'énergie à soutenir leurs opinions, c'est leur propre sang qui coule tout le premier. En voulez-vous des preuves? L'histoire est toute prête à fournir à mes paroles son inébranlable appui. Je m'abstiendrai d'en donner. Je craindrais de raviver des haines qui s'amortissent, de relever des souvenirs douloureux qui commencent de tomber dans l'oubli.

» Une chose ici, cher Palmella, me surprend et m'étonne; souffrez que je vous dise que je suis loin de voir sans douleur que vous vous prononciez avec précipitation sur un sujet que votre jeunesse ne vous a pas encore laissé le temps d'approfondir, et dont l'examen sérieux vous ferait porter un tout autre jugement. Si vous me le permettiez, je m'armerais même de toute l'autorité de maître pour faire passer la conviction dans votre esprit à mesure que j'y porterais le flambeau de la vérité.

» D'où vous vient, mon jeune ami, cette espèce d'aigreur et de fiel que votre bouche semble distiller avec plaisir sur les ministres des autels, dont vous faites autant d'hommes brûlés de la soif des honneurs et des dignités? On dirait, à vous entendre, que ce soit un peuple de vils mercenaires qui, par toutes sortes d'intrigues et de bassesses, s'efforcent d'attirer à eux l'autorité et cherchent à s'enrichir aux dépens de la nation. Erreur, illusion, mon jeune ami, on ne fait pas vœu de pauvreté pour courir avec tant d'ardeur après les richesses.

» Séparez de cette belle légion d'hommes certains êtres indignes de lui appartenir, et que le corps doit se faire un devoir de méconnaître comme membres, vous ne trouverez plus que des modèles de vertus en tous genres. Ce sont tout au plus, dans un brillant tableau, de légères ombres qui n'en font que mieux ressortir la beauté, ou des plantes mortes, de vils arbustes qui espacent de loin en loin une immense forêt d'arbres pleins de jeunesse et de vigueur, sous la majesté desquels ils disparaissent ignorés et perdus.

» Allez demander, mon jeune ami, à la femme dont la décrépitude de la vieillesse soutient à peine une tête battue, depuis près d'un siècle, par le vent de l'infortune, quelle fut la main bienfaisante qui, de temps à autre, se montra pour repousser la tempête et fortifier son périlleux navire contre les assauts du malheur, elle vous dira que ce fut celle d'un prêtre. Dans d'autres circonstances, sa bouche aurait peut-être été capable de se fermer à la vérité; mais, sur les bords de la tombe, les préjugés disparaissent, et, si ce n'est la religion qui retient la dernière des pensées, c'est son ministre qui attire le dernier des regards; car, pour l'âme qui est bien née, la reconnaissance vit encore dans le corps qui expire.

» Je vis, aux jours passés, dit le génie tutélaire de la France, l'ange de l'abîme souffler sur mes états le vertige et l'erreur. Plus d'une fois je crus qu'il allait anéantir mon empire, et je tremblai sur le destin de mes sujets. Retiré dans le sein d'une lumière inaccessible aux yeux mortels, je fus le triste spectateur de bien des maux. De jeunes Hébreux, méconnaissant la main du Dieu qui les avait nourris, renversaient son autel, brisaient son tabernacle et livraient aux flammes la splendeur de son temple; les lévites étaient dispersés, et Moïse lui-même se vit manquer, envers sa personne, au respect que devaient si hautement lui garantir ses titres de bienfaiteur et de père. Ses enfans renversèrent sa tente et en confièrent les débris aux ondes et aux tempêtes. Ils s'applaudissaient, les ingrats, d'avoir effacé jusqu'aux souvenirs vivans de la divinité.

» Interdit à travers ces momens de délire, la voix de l'Eternel vint me réveiller de mon étonnement. Je l'entendis s'écrier : « Israël, mon fils, c'est en vain que tu m'outrages ; je me vengerai de tes injures par des bienfaits, et pour gage de ma parole, je t'ai donné un prince qui fera régner la justice et opérera ton bonheur » ; puis, la voix de l'être puissant et redoutable, s'adressant à *l'ange de l'église de Smyrne*, lui dit :

« Tu n'as plus de séjour parmi les hommes, mon bien-aimé ; mais ton courage pourrait-il faillir ? Mon regard sonde la profondeur de ton amertume ;

soulève le poids de tes tribulations et mesure l'étendue de ta pauvreté. Mon vrai temple est l'univers; abrite ta douleur sous sa spacieuse immensité, et glorifie-toi de partager la demeure de celui qui te forma. Bientôt des jours sereins succéderont à la tempête, et le bonheur refleurira sous le règne de l'équité.

» Si les ministres du culte se sont vus en butte aux insultes dans un temps où le fils reniait son père, où la fille s'arrachait, avec un regard de dédain et de mépris, des bras de sa mère pour courir aux lieux de prostitution, il n'y a rien d'étonnant. De telles injures deviennent des apologies. Hélas! en persécutant les enfans de ceux qui jadis s'étaient montrés leurs pères, ils avaient oublié, ces Français, les *Vincent de Paul* et tant d'autres ministres qui se sont si généreusement déclarés les bienfaiteurs de l'humanité ; mais aujourd'hui ils ont la gloire de reconnaître de leurs procédés la trop grande injustice.

» Je reviens à vous, mon cher Amindo, et je dis que le système électif ne fournira matière à aucun des abus crians que vous signalez. L'égoïsme ne pourra déployer ses ravages ; parce que le citoyen, porté à la souveraine autorité, n'aura la faculté de disposer que des sommes qui lui seront allouées. La jalousie ne trouvera jamais d'accès auprès du cœur des grands, parce que l'élection ne se basera, comme elle l'a déjà fait pour sa majesté d'Orléans, que sur la conscience de la supériorité du mérite, et, qu'étant faite par tout le corps de la nation, l'erreur, les préjugés, les cabales, qui ne sont jamais de nature à prévaloir sur l'ensemble d'une grande société, ne sauraient y faire sentir leur maligne influence.

» Il n'y aura pas de guerre civile ; puisque le prince sera l'expression du vœu général de la nation. Les esprits mutins, s'il en existait, auraient assez de sentiment de leur faiblesse pour ne rien oser entreprendre, ou si, voulant essayer leurs forces, quelques troubles éclataient, il ne pourrait en résulter que de légers combats, plutôt désirables qu'à redouter ; parce qu'ils serviraient à épurer la société. La vie des souverains n'est plus à la merci d'une soldatesque effrénée. Le corps législatif est là pour infliger une punition terrible à quiconque entreprendrait contre leur personne.

» C'est à tort que vous vous récriez contre des impôts que nécessitent les dépenses de l'état. Poussez-vous des plaintes contre le marchand qui vous fait payer une somme considérable ce qui ne coûtait jadis qu'une obole? L'ouvrier se contente-t-il du salaire modique des temps reculés que vous citez? Si la valeur du numéraire a baissé en raison de sa prodigieuse quantité, ou, ce qui est le même, si les choses appréciables en ont acquis un degré d'augmentation proportionnelle qui les balance, les rois en sont-ils la cause? Ce serait déplorer une stérile abondance qui n'était pas destinée à nous enrichir; mais, loin de regarder la royauté comme un arbre qui stérilise la terre, je crois au contraire que cet arbre abrite des orages les plantes qui croissent sous son ombre, et que la royauté ressemble plutôt au cœur humain, qui n'attire à lui la substance nutritive que pour la renvoyer, par mille canaux divers, à tous les membres du corps.

» Il est un moyen bien simple, et

mille fois plus important qu'on ne le pense, de diminuer les charges de l'état et de dégrever d'impôts les populations. Ce moyen, qui aurait une influence prodigieuse sur le bien de la société, serait de nationaliser toute la ligne, en l'assujettissant, dans chaque commune, pendant un espace de temps égal à celui qu'elle est réduite à passer sous les drapeaux, à des exercices suivis et réguliers, qui la mettraient à portée de parer à une surprise. L'état conserverait, par cette voie, à l'agriculture et aux arts, une foule de bras qui leur deviennent inutiles. La mère bénirait le prince et les représentans de la nation qui lui laisseraient son fils. La jeunesse des campagnes n'irait point puiser, dans l'oisiveté du séjour pestilentiel des villes, ces germes d'insubordination, ce mépris pour toute espèce d'autorité dont elle s'infecte, et qu'elle va développer et répandre au foyer natal. Chaque famille particulière s'enrichirait du travail de ses enfans, et l'état joindrait à cet avantage celui de pouvoir diminuer d'un tiers l'impôt qui pèse sur chaque particulier. Je suis, je l'avoue, surpris que des hommes qui présentent, à tous momens, des théories d'amélioration sociale, ne puissent pas voir l'immense résultat de celle-ci et ne mettent tout en œuvre pour la réduire en pratique.

» Voilà, selon moi, le gouvernement constitutionnel monarchique le plus capable de satisfaire aux exigences du peuple, et le plus propre à se concilier son amour; parce qu'il serait son ouvrage. Si nous voyons la masse de la nation prendre un si vif intérêt à sa majesté d'Orléans, que chaque citoyen regarde comme un attentat à sa propre vie celui qui a eu lieu à son égard, ce n'est rien autre que parce qu'elle l'a appelé au trône de son propre vouloir, et qu'il est le roi de son choix. Le souverain aurait intérêt de s'employer au bonheur du peuple, et trouverait, dans une sage direction du vaisseau de l'état, l'espérance de transmettre ses titres à sa postérité. »

Après ce discours, Amindo et Palmella, pleins d'admiration et de reconnaissance pour Isamel, et entraînés à partager ses sentimens, tant par respect pour sa personne que par une force de conviction, lui promirent de mettre tout en œuvre pour préparer les voies à l'introduction d'un gouvernement électif; ils l'embrassèrent tous les deux avec tendresse, et reprirent chacun le chemin de leur pays.

FIN.

www.ingramcontent.com/pod-product-compliance
Ingram Content Group UK Ltd.
Pitfield, Milton Keynes, MK11 3LW, UK
UKHW021823190726
13853UKWH00003B/1157